Poesia

Emanuele Martinuzzi

Nella pienezza del Non

Presentazione

"...nome al di sopra di tutti i nomi..."
"...la cui natura è quella di essere nascosto".
(Meister Eckhart)

Lo spirito dell'uomo aleggia da sempre sulle perigliose acque del dubbio, che lo trascinano inerme ed ammutolito in quel dramma così troppo umano, da farne un segno avvinto dal silenzio ed allo stesso tempo quella quotidiana propensione verso l'essere della parola.

Così direbbe quello scrittore, che si accingesse a presentare la sua opera prima, appassionato nell'amorevole cura come esaltato dal lieto evento, e ne amplificasse, sulla spinta dei suoi ingombranti sentimenti, la valenza romantica ed interiore, tanto da farsi tragico protagonista nonché artefice dell'elaborazione poetica; come contenuto il suo solipsistico mondo di sensazioni, valori ed idiosincrasie.

Ma così non è. Lo scrivere subisce inconsapevolmente una potenzialità che non appartiene a nessun soggetto; una paternità amata e ricercata con zelo e libera accettazione del ruolo, indubbiamente, ma posseduta solo per convenzione dallo scrittore. Non perché sia, consapevole o meno, tramite di un mondo ideale, che discende e si emana per gradi dalla sua fonte fino alla tangibile foce della parola scritta o pronunciata che sia. Neanche perché la parola, una volta espressa, si liberi dalle spirituali catene che la trattenevano nel mondo del possibile ed incominci a vivere di vita propria, volando e cangiandosi, di forma in forma, in ogni interpretazione che, chi ne fruisce, di volta in volta, le dona con la ingenua potenza di un novello creatore. Non è l'utilizzo per lo scambio, che noi pragmatici fabbri, ogni giorno, in ogni momento del mutuo convivere, cerchiamo di forgiare nelle nostre menti affinché il linguaggio, questo sconosciuto non conoscibile, sia produttore e prodotto del sociale.

Ancora una volta è la vanità, di voler circoscrivere la parola nella sua presunta definizione o di descrivere quella che il buon senso presume sia la sua naturale funzione, a far cadere le griglie concettuali che ci preservano il mondo e con esse i suoi molteplici aspetti, a nostra misura fondati. È un rincorrere il vento.

Nella sua essenziale indeterminatezza ci specchiamo e siamo assorbiti, da sempre. Vorremmo che la parola incarnasse ciò che crediamo essere l'uomo, ma è arduo poterne afferrare la presenza, in quanto non sfugge alla nostra comprensione, ma è nel comprenderla che svaniamo assieme alla sua natura.

Con poetica venerazione, si cerca di evocare l'idea più semplice e spontanea, che vede la parola essere anonima e un puro nulla dalle infinite forme e manifestazioni, in perenne ricerca della sua candida e vuota beatitudine.

Emanuele Martinuzzi

Ringraziamenti

Ho un debito di riconoscenza, profondo quanto inesprimibile, nei confronti dei miei cari vicini e lontani, presenti e assenti, a cui umilmente dedico questa raccolta di poesie.

Nella pienezza del Non

I. La fabbrica

La fabbrica in penombra al
vento trafitta da rami
metallici: occhiate d'inverno
non solo di sole.
Ancestrali brusii
beffati e tramortiti,
dalla pioggia alla fumosa deriva,
per ogni lontano
solo rammentato dove.

II. Polvere cieca

Polvere cieca s'increspa.
Nude forme
tormentate dall'assenza,
uno sguardo fanciullesco di grida.
Al dolce sospiro del nulla:
silenziose vetrate.

III. Petali di sorgente

Petali di sorgente, folata
di pioggia: ferrose e franta.
Tintinnio lontano
una goccia, canto solitario.

IV. Lo sguardo su forme

Lo sguardo su forme d’intenso,
piovente salice riarso
nel cemento,
tacere.

V. Cantilena la campana

Cantilena la campana,
monotona scia di venti
battendo la via.
Profumi assopiti nella sera.

VI. Panchina vuota

Panchina vuota di aghi di
pino: nello scorcio
immobile si culla lo stelo.

VII. Nella via popolata

Nella via popolata di nebbia
fruscia un passo caduto.
Mai più, langue la parola.

VIII. Gli ulivi nodosi

Gli ulivi nodosi sparsi
nel campo incantato
di rugiada: l'attesa grave
come una nube.

IX. La luna ed il borgo

La luna ed il borgo in rovina
si contengono i riflessi
nella pozzanghera che dorme.
Pensieri distratti dal freddo pungente.

X. Non è tempo di ricordi

Non è tempo di ricordi,
l'incerta luce invernale
aleggia lontana.
Deserta la stanza in disordine.

XI. Qua e là

Qua e là l'acre odore del caffè,
sottovoce come una carezza
un carillon.

XII. Sordi battiti

Sordi battiti
i rami intrecciati:
rovine d'ombra.

XIII. Volti di fiamma

Volti di fiamma
nel tramonto d'inverno:
tetti dorati.

XIV. Din don

Din don, bruneggia
la sera come brace,
orme di corvi.

XV. Sogno profuso

Sogno profuso da un abbraccio,
pelle su pelle, vita con vita:
speranza che si sfiora
al di là del tempo
e delle stagioni.

XVI. Cozzano nubi

Cozzano nubi
di vetro rosseggiante
frana l'edera.

XVII. Cieli lontani

Cieli lontani
e la vista sfocata:
prati di brina.

XVIII. Scende la pioggia

Scende la pioggia sul
livido cemento: tenui
sbadigli di sole.

XIX. La vuota parola

La vuota parola
nel baratro della pagina:
ironico scorcio
senza orizzonte
alla finestra.

XX. Pizzicando melodie

Pizzicando melodie
sulla soglia del vento,
solo un piccione
riflesso alla ringhiera:
anche le nubi
vestite di sole
hanno orecchie.

XXI. Fronde cariche

Fronde cariche
di antichi profumi che
nessun pensiero scuote,
incede da lontano la sera
con sibili nell'erba:
divinità di velluto nel cielo.

XXII. Scacchiera di madreperla

Scacchiera di madreperla,
dove si frantumano
fresche membra in specchi d'acqua,
sotto il muto oracolo
dalla felina voce dei cartelloni pubblicitari
e di ombre di golem;
cocci fregiati avvolgenti del
cielo nell'unione eterna e
carnale con la violata luna.
Ondeggiano,
al ritmo cadenzato
ed insonne di una fiumana,
vibranti e fatui pellegrini.

XXIII. File di formiche

File di formiche
si rompono
dove la goccia cade:
mani giunte
sotto al cipresso,
ferito di resina.

XXIV. Fiori seccati

Fiori seccati
sbocciano
sparsi sul pavimento;
bussa qualcuno
leggero come il vento.

XXV. Un sogno

Un sogno
venato di grinze e
senza requie, nella
notte ulcerata
vortici d'infinito
dai mistici chiaro-scuri,
appena sfiorato dal silenzio:
l'alba.
Gioie sospese
nell'attimo che le divora.

XXVI. Brezza

Brezza, silenzi
e fuochi di lavanda:
cola la resina.

XXVII. Terra bruciata

Terra bruciata
candori di fascine,
muta preghiera.

XXVIII. Un’altra vita dormendo

Un’altra vita dormendo,
coperti dalla fresca linfa della sera
che grandina da tegole rosse
e nell’occhio di lacrime spento s’attutisce;
raggrinzite nella lontananza
le labbra di una storia
da cui si sfugge tacendo.
Per quei vicoli
conati rattoppati di silenzio
e morgane in stracci fruscianti
di un vecchio e borbottante lampione
che sbraita e rigurgita vapori oleosi.

XXIX. Nell'aria intrisa

Nell'aria intrisa
sospesa di stupore
in cerca di orme divine:
lacrime e cipolle ferite.
Intonando preghiere
nell'umida conca
dove sussurrano i tramonti,
fauci incandescenti,
sospiri di sole.

XXX. Fioca la luce

Fioca la luce nella stanza
non ancora abbandonata;
sussurra il vento notturno
dalla persiana, un richiamo.
Immota luna, che già galleggia
disegnando nella pianura
sconfinata e leggera, di nebbia
uno sfocato sorriso:
sagoma indifferente
al corrucciato profilo
del vuoto domandare.

XXXI. Nell’attimo che sfugge

Nell’attimo che sfugge,
quasi a tradire il Suo mistero,
il nostro: sospiri lontani
stropicciati nella penombra.
Gelido caos delle cose
nell’inganno di una mano sapiente.
L’aria rafferma di bagliori artificiali,
d’insensati fremiti
mascherati in bilico
sul crepuscolo
che lascia svanire il mito
ma non il sogno che lo incarna.

XXXII. Fogli e memorie

Fogli e memorie
ammucchiati nell'angolo:
profumo d'oblio.

XXXIII. I volti

I volti si fanno remoti
nella nebbia invernale,
lo specchio infranto.

XXXIV. Nel mio respiro

Mi perdo nel mio respiro
dove la notte non ha venti;
in lontananza
i rugginosi canti di un treno.

XXXV. Al di là

Al di là delle fronde
umide d'ombra, la notte;
aspettando
che la campana rintocchi.
Torpore di stelle.

XXXVI. Come nobili vestigia

Come nobili vestigia arrese
le ramaglie della potatura.
Parole dei volti fraterni
svaniti nel ricordo.
Plumbei orizzonti e venature dorate.

XXXVII. Pelle

Pelle leggiadra
e baci nella brezza
cullati da docili passioni;
sguardi che si perdono,
nel manto stellato
appena accennato
si confondono.
Gemme sanguigne
nell'agile dolcezza
del crepuscolo.

XXXVIII. Ticchettii

Ticchettii sommessi
di un vecchio orologio;
malinconia di odori fanciulli
aspettando la mezzanotte.

XXXIX. Strepitio

Strepitio monotono della stufa
ed il sangue pulsa
e la mente vaga:
su armonie lontane
sull'uscio la sera,
ondeggia
scherzosamente tragica
l'abat-jour sfocata.
Saettanti angosce
che scuotono l'aria rafferma
bruneggiando
senza più vedere,
continuando a sentire
gabbie ostinate
ed il silenzio
tremebondo ed incerto.

XL. I profumi

I profumi del castagnaccio
dilagano fin negli anfratti
della casa come l'anima
nella terra dopo la bufera.

XLI. Prima che

Prima che l'ombra
dilegui con la sua nube
uno scroscio di pioggia.

XLII. Rondini

Rondini sperdute
ai primi cenni
del temporale,
l'orizzonte
non più rovente
sgretolato
da respiri febbrili.

XLIII. La candida rabbia

La candida rabbia dell'onda
senza pausa assedia
l'ossuta scogliera;
sembra il tempo
svanire,
tremule ventate.

XLIV. Lembi

Lembi leggeri
di vaga oscurità
nel crepuscolo.

XLV. Silenziose

Silenziose
alla conchiglia vanno
le morbide e sconce linee
dell'onda
in tempesta: una donna
dallo sguardo di cenere.

XLVI. Fin quando

Fin quando la gronda
con sbilenche ballate
raschia l'argento
assorto nei venti
la parola ascolta.

XLVII. Cicatrici

Cicatrici
sulla corteccia
nell'autunno
dove sfiorano le foglie
guance di neve.

XLVIII. Nel giorno

Nel giorno chiassoso
l'ombra di luna
dipinge nell'azzurro
un volto
velato di malinconia.

XLIX. Macerie

Macerie sanguigne
nel firmamento
appena fiorite
seducenti chiome
ondeggiano.

L. Danze fanciulle

Danze fanciulle
lievemente fioccano
dove l'amaro
vivere si fa
girotondo di venti.

LI. La sera

La sera si allontana
coi venti
imbrattati nell'oro
dei tramonti:
stracci all'orizzonte
dove giace
lo sguardo
trasfigurato dal tempo.

LII. La pace

La pace strozzata
dai gesti
di un sentimento lontano,
spifferi d'immonda ironia
recitano i curiosi venti.

LIII. Limpido cielo

Limpido cielo
che non cede
ai gorghi delle sue nubi,
maschere putrefatte
di un eroico viaggio
dove sbocciano
carni di roseo vento e profumi
imbevuti nell'inesistenza di ogni
pensiero; cieco superstite
oltre le colonne senza ombra
che non ti videro nascere
e sommerse
dalla notturna marea
scalfiscono la certezza del tempo
come solo i ricordi.

LIV. Cala il sole

Cala il sole
un accordo sopito
con il fogliame.

LV. Sulle sottili crudeltà

Sulle sottili crudeltà
dell'uomo ingrigito
ed illuso dai lazzi circensi
dell'oscuro tempo,
sui lacunosi anfratti
della storia
balbettata da mute conche
celesti, tentenna una pioggia
leggera: catastrofico canto
intonato nel manto
dove gli dei frastagliano
i loro reconditi sogni.

LVI. Rapito

Rapito dalla placida
orma dell'onda
che si trascina via,
con lembi di liquido cielo
sulla sabbia
di fantasmi adorna,
relitti evocati e scolpiti
in quella fioca solitudine
dai baluardi immemori
della marea.
Aspettando
quel quasi divino
frangente
d'insonne scroscio
inquieto, che naufraghi
dove l'ansia
delle socchiuse nubi
congiunge il mare
con l'orizzonte,
coi miei pensieri.

LVII. Come ricordi

Come ricordi alla deriva
abbandonati
nell'arido mormorio
dei nettari, che sciabordano
dalle nebbiose vette
al tramonto crepato
d'infuocata cenere,
i respiri gia notturni
scrostano ombre
nebulose malinconie
criminali forme,
dimentiche e congiunte
con la sanguigna lama
opaca che si fa
profumo di carne ed oblio di luna.

LVIII. Ogni giorno

Ogni giorno
intorpidito
si disseta
incerto e tremante
nelle vaghe acque di sogno;
non ancora la sera
cancrena di gorghi
alcova di silenzi
sposa devota
del nostro più remoto passato
che sempre ritorna.

LIX. Nubi solitarie

Nubi solitarie,
come macigni di vento
sospesi e arroccati
dove si dischiude
 l'orizzonte
di limpidi sprazzi vestito,
 franano di forma in forma.

LX. Sa l'onda

Sa l'onda
rugosa e sudante
del crepuscolo
emerso e ricurvo
di nubi
che la sabbia
lontana e sfocata
dai venti
suo giaciglio sarà
ultimo e sacro
di umida nudità.

LXI. Fresche gocce

Fresche gocce
assetate di pioggia,
mute sfumature nell'essenza
violata delle piccole cose
quotidiane ed irreali,
gravitano sulle scintille
d'argento che il fiume scrolla
nel dormiveglia inquieto;
ancora una volta
senza sapere fin quando
ricordi putrefatti
come le linee dell'alba,
ancora una volta
sfugge arcano e sottile
l'immaturo presente,
con struggente malinconia
ancora una volta.

LXII. Nella nebbia

Nella nebbia accenni
tempestosi
d’ondeggianti petali.

LXIII. Solo

Solo col mio sguardo
non passa nube
che ai rami s'impigli.

LXIV. Il tempo muta

Il tempo muta
tra i venti frondosi
e le fragranze
di legna che fu.

LXV. Barbuto mento

Barbuto mento
vibra l'antico canto di educazione:
fioritura piangente
bianchi petali.

LXVI. L'ora del primo

L'ora del primo
solitario pensiero:
legna dormiente
nella soffice brina.

LXVII. Sotto cime

Sotto cime
d’orfici sogni innevate
incedono le orme
leggere di viandanti,
sperduti per grazia
nella loro memoria.

LXVIII. Nel chiaroscuro

Nel chiaroscuro
di affreschi contadini
seccando fiori
spighe di grano
nubi di rame.

LXIX. Sbrani sanguigni

Sbrani sanguigni
e celesti ferite,
labbra apprese
al silenzioso
ineffabile dono
delle tramontate muse.

LXX. L’austero campanile

L’austero campanile
ancora tremante di antichi rintocchi
si fregia solenne di stelle,
dove franano le sue mura
e si inchinano le sue ombre.

LXXI. Al dondolante

Al dondolante sbiadire di foglia
dileguano aliti di vento
in schegge dorate ed echi stranieri:
non è il tramonto
ad intonare la ninna nanna
che porta al silenzio.

LXXII. Da sempre

Da sempre come per la prima volta
lo sguardo fanciullo
di antica e sublime paura,
vagante nel solco immemore
dove senza posa
si disfa e si tesse il firmamento,
conta assetato di grazia
l'eternità dormiente
e bagliori di liquidi metalli
grottescamente adagiati
tra cinque piccole dita.

LXXIII. Nomi sempiterni

Nomi sempiterni chiama
con frondose frane
l'orma dormiente del bosco,
lasciata da marmoree
spoglie di stelle cadenti
su venti fossili e danzanti,
nella rugosa incertezza dei monti.
Tutto intorno
non altro che fogliame di ombre,
non altro che io
solo cosciente Dio.

LXXIV. Come un eroico scudo

Come un eroico scudo in forme divine scolpito
gorghi di luna s'increspano
dove si ripara solitario e pensoso lo sguardo,
mostruoso riflesso bendato, melodia
sussurrata dalle silenziosi voci del destino.
Sfugge dai riflessi alla fumosa deriva
il mondo, antro del nulla,
sopito ed eterno, in mutevoli e cangianti riflessi
che nessuno osa chiamare.

LXXV. Come una crepa

Come una crepa
ammorbata dall'abisso
senza voce,
dai molti nomi nel tempo,
sacro dono nel cielo ricurvo
sgretolato in maceria,
da cui germoglia rampicante
la notte, quel battito di ali
lontano e vago di sperduta rondine
rapisce le mie corde
in un canto di desiderio e di confessione.

LXXVI. Remoto

Remoto a me stesso,
parvenze bruciate
sparse bisbigliano
nell'ossessione dell'attimo
libero dalla parola, inesistenti
nude forme che si divincolano
nell'eco struggente dei campi
sacrificati alla fresca rugiada:
tormentata assenza
di uno sguardo umano.

LXXVII. Simile a divini presagi

Simile a divini presagi
quella sottile presenza
sommessamente ascolta
l'incedere solitario del frastornato cuore
nel riso amaro dell'oscurità,
cenni sibillini di mistico desiderio.
Parole arroccate a lingue di pietra,
che sognano prati d'erba e rugiada
dai verdi tremiti, dove scheggiare
la propria pelle morente
nell'armoniosa lode di un sinuoso
canto d'amore.

LXXVIII. Narciso

Aride pietre svestite dai rossori dell'ultimo sole.
Il fiume scorre tormentato nell'eco di una voce
lontana e fragorosa. Impietrito è lo sguardo
che si specchia nella sua ombra.
Si dischiudono dalla fonte petali sanguigni
e ondeggianti, come labbra che chiamano
e venerano i silenzi.
Dove il respiro di amore increspa
le placide acque del sogno
la bellezza dipinge il suo volto;
vago abbraccio delle correnti che custodiscono
e confondono ogni volto, cangiante nella brezza.
Melodia negata alle membra,
pizzicata su muti riflessi di smeraldo;
sussurri, che si perdono
nelle affannose pieghe della propria immagine.
Perché il giorno esausto
resista ai lievi sentori
di una notte annunciata,
dove s'abbarbicano
nubi ferite ed infuocate
su cime taglienti la cornice dorata
d'immobile azzurro, i bagliori
saettano dall'orizzonte.
E si vanno ad infrangere
nel sinuoso canto di ombre stridule,
nel seno trafitto

di una terra lacerata, di fogliame al vento.
Nel germogliare candido di una vita che muta,
prova invano l'attesa,
spogliata già dalle ossute
chimere nello sbiadire eterno delle cose,
a dimenticarsi di quel sorriso sovrano
imprigionato
nell'incandescente riflesso delle stagioni,
vissute a metà tra il brumoso mito
e l'incanto del nulla.

LXXIX. Ogni notte

Ogni notte che si rispecchia insonne
e gravida di quei ricordi,
perduti e trovati nell'indugiare
leggero di un sogno,schiude
frammenti e profumi randagi
sventolati nella brezza,
dove sonnecchiano.
E' uno sguardo ,incastonato
nel respirare mistico delle nubi,
l'intruso in cerca di grazia e riflessi adamantini.
Non c'è penombra,bagnata dai vapori
ondosi di una luna ebbra
e sospesa in questo tempo
scolpito nella rauca voce di una conchiglia,
che sia culla di nuove dee.
E boati d'oscurità franano silenti,irreali
candori nascono
dove il pensiero annega
con i suoi gemiti e le sue lacrime
scheggiate da quelle maree rapite
nell'immenso che s'infrange,
si camuffa nel deforme,sposa poi l'aridità dei cieli
e rivive nella falsa vita dell'ombra.
L'uomo è sempre stato sordo alla parola,
che nella menzogna o nella verità,
lo incarna ed incanta.
E laggiù si frantumano le lune

come pozzanghere increspate
soffuse nelle pose liquide delle nubi,
dove nudità frondose s'insinuano
danzanti e tremanti,assecondando
forma su forma quella voluttà cangiante
che ora terra,ora cielo,
raschia coi suoi canti remoti
quei silenzi, che sono da sempre messaggeri
di arabesche illuminazioni.
Le frasche fiammeggiano respiri
dove la notte fiorisce più folta e impenetrabile.
Presenze di un umore terreno,
stordite nella vaghezza che serpeggia
dai campi di rugiada , si abbandonano
inerti e affilate
sulla scia di ripide ventate
che ruzzolano dalla collina,
come argentee chiome
su un seno lacerato da segreti
torbidi d'innocenza.

LXXX. L’immobile sera

L’immobile sera screziata di gorghi sinuosi
e venati da detriti celesti,
si scaraventa
dove il pensiero fattosi marea incede
con la maestà di uno stormo che si
staglia sulle nubi e ne modella le
mistiche fattezze,scultore
nell’orizzonte d’ebano di fiati e di corni
dalle note sospese e rosseggianti, svanendo
i morbidi confini del reale
nella vitrea penombra scoscesa di monti dimenticati
ed infranti nel crepuscolo,accesa di incubi roventi.
Ventate d’oblio si accaniscono con timida ferocia
e sibili irritanti armoniosi come di
artigli che si affilano
famelici,cullando l’oscurità crudele
la giovinezza feconda
che sempre sta in bilico su quei mostruosi vortici.
Iridi tinteggiate dalla follia e dal leggero
tocco di angeli partoriti
quando lo scandire del tempo
ed il socchiudersi delle stelle
si fanno gelido fremito
di pioggia che cade leggera, quasi inesistente,
dove il cuore
afflitto da silenzi marmorei
non ode.

LXXXI. E laggiù

E laggiù si perdono prati animati
nell'onda squamosa
e ondeggiante, che si nasconde
furtiva alle linee perfette
di un cielo immacolato
nell'argento fuso e colante di nubi sottili.
Confini solo immaginati dalla vista
che danza incantata
sul mare di rugiada infuso dal vento,
su quel serpente di giada,
ammaliante incantatore,
che trascina le paure ombrose
ed i frondosi desideri radicati nel nulla,
cullandoli nel sapore acre dell'intimo dubbio.
Mentre la natura con antiche e misteriose forze
fa parlare il suo corpo
battiti ossessivi e sordi ritmi
e frastuoni brutalmente
affamati di silenzio.
Abbracciare quel manto
fradicio di ombra
che in pieghe s'adagia
sulle forme sensuali della felina sera,
lasciarsi sedurre
da orme assopite su divini sentieri
umidi di stelle,unirsi ai vaghi
profumi stropicciati

e riarsi nei dolci respiri che s'acquietano
in fredde occhiate di luna;
oscura terra vicina e lontana
come sangue,come una madre.

SOMMARIO

www.ingramcontent.com/pod-product-compliance
Ingram Content Group UK Ltd.
Pitfield, Milton Keynes, MK11 3LW, UK
UKHW020238250726
13967UKWH00001B/440